Lustiges aus Papptellern

Was macht man mit Papptellern, die von Partys oder Picknicks übrig geblieben sind? Im Schrank nehmen sie Platz weg und zum Wegwerfen sind sie viel zu schade. Die Lösung: Man bastelt damit! Pappteller sind nämlich wunderbar wandelbar.

Dieses Buch zeigt Ihnen, wie man Pappteller mit ein paar Handgriffen und ein wenig Farbe zu bunten Tieren, unterhaltsamen Spielen, origineller Partydeko oder zu lustiger Karnevalsverkleidung umfunktionieren kann. Und weil die Figuren so einfach nachzuarbeiten sind, werden besonders Kinder ihren Spaß dabei haben, und zwar nicht nur beim Basteln, sondern auch beim Spielen.

Die Motive lassen sich in folgende Schwierigkeitsgrade unterteilen:

● ○ ○ einfach ● ● ○ etwas schwieriger ● ● ● anspruchsvoll

GRUNDAUSSTATTUNG

Die folgenden Werkzeuge und Hilfsmittel sollten Sie zur Hand haben. Sie werden in den Materiallisten nicht mehr gesondert aufgeführt.

- Transparentpapier (für Schablonen)
- Kartonreste (für Schablonen)
- Bleistift
- Filzstifte in verschiedenen Farben
- Lackmalstift in Weiß
- Alleskleber (z. B. UHU)
- Styroporkleber
- Schere, Nagelschere
- Cutter mit geeigneter Schneideunterlage
- Lochzange
- Vorstechnadel
- Messer mit glatter Klinge
- Zirkel
- evtl. Thermosäge („heißer Draht")

Hinweise: Mit „Rest" ist ein Stück gemeint, das maximal A5 groß ist.

Wenn Kinder beim Basteln mithelfen, lassen Sie sie nie unbeaufsichtigt mit dem Cutter arbeiten. Auch eine Thermosäge gehört nicht in Kinderhände.

So wird's gemacht

Pappteller

Alle Motive werden aus demselben weißen Standardpappteller (ø 23 cm) gebastelt. Bestehen die Motive aus mehreren Teilen, können die kleinen Motivteile auch aus Fotokarton ausgeschnitten werden.

Pappteller bemalen

Als Farben eignen sich Acrylfarben. Es können aber auch kostengünstige Abtönfarben oder andere Deckfarben verwendet werden, die jedoch stumpfer sind. Damit die Pappteller- und die Fotokartonteile genau denselben Farbton haben, werden beide mit derselben Farbe bemalt.

Pappteller falten

1 Um Pappteller genau in der Mitte zu falten, den Rand an zwei gegenüberliegenden Stellen exakt aufeinanderlegen und mit der linken Hand halten. Mit der rechten Hand die Faltlinie durch die Tellermitte zuerst leicht zusammendrücken und dann kräftig nachziehen.

2 Wenn kleinere Teile exakt gefaltet werden sollen, die Faltlinie mit Lineal und einem leer geschriebenen Kugelschreiber nachziehen. Im Gegensatz zum Anritzen wird so die Oberfläche nicht verletzt oder gar durchgeschnitten.

Vorlagen übertragen

Die Vorlagen mit Bleistift auf Transparentpapier abpausen, das Transparentpapier dann auf einen Kartonrest kleben und die Motivteile ausschneiden. Diese Schablonen auf den Pappteller oder den Fotokarton legen, die Umrisse mit Bleistift nachziehen und dann ausschneiden.

Mit dem Cutter arbeiten

Innenflächen lassen sich oft nur mit einem Cutter sauber ausschneiden. Schneideunterlage nicht vergessen. Hilfreich kann es auch sein, wenn für Kinder mit dem Cutter eine kleine Öffnung in Mund, Nase und Augen geschnitten wird. Das Kind kann dann mit einer kleinen, spitzen Schere die Öffnungen herausschneiden. Bei engen runden Schnitten eignet sich eine Nagelschere am besten.

Motive

Sie können genauso gefaltet, zugeschnitten und bemalt werden wie auf den Fotos, doch im Grunde sollen die Motive nur als Anregung verstanden werden. Gesichter beispielsweise lassen sich leicht variieren, und wenn Faltlinien um einen Zentimeter versetzt werden oder die Bemalung verändert wird, entsteht ein ganz anderer Eindruck oder ein neues Motiv.

Schmetterlinge

→ schön bunt

MOTIVHÖHE
ca. 25 cm bis 30 cm

MATERIAL PRO SCHMETTERLING

- Pappteller
- Fotokartonreste in Schwarz, Gelb oder Rot
- Chenilledraht in Schwarz, Gelb oder Rot, 40 cm lang
- 2 Wackelaugen, ø 1 cm
- Klebepunkte in Rot, Gelb und Grün, ø 0,8 cm, 1,2 cm und 2 cm
- Acrylfarbe in Rot, Orange, Gelb, Blau und Hellgrün

VORLAGENBOGEN 1A

1 Vom Rumpf eine Schablone anfertigen, den Umriss auf Fotokarton übertragen und ausschneiden. Die Wackelaugen aufkleben. Den Chenilledraht in der Mitte umknicken und von hinten am Kopf ankleben.

2 Von einer Flügelform nach Wahl eine Schablone anfertigen. Einen Pappteller in der Mitte durchschneiden. Auf eine Tellerhälfte den Umriss des Flügelpaares zeichnen und ausschneiden, dann Rücken an Rücken auf die andere Tellerhälfte legen und nachschneiden. Die Flügel bemalen und mit Klebepunkten verzieren.

3 Die Flügel so nebeneinanderlegen, dass sie sich berühren oder leicht überschneiden. Den Rumpf aufkleben.

Tipps: Sie können die Schmetterlinge entweder an das Fenster oder die Wand kleben oder sie an einem Faden aufhängen.

Es können auch zwei oder drei Schmetterlinge untereinander an einem Faden aufgehängt werden. Für eine Girlande werden mehrere Schmetterlinge an den Flügeln verbunden.

Klappmaulfrösche

→ sehr handlich

MOTIVBREITE
ca. 23 cm

MATERIAL PRO FROSCH

- 1 ½ Pappteller
- Fotokartonrest in Schwarz
- Styroporkugel, ø 5 cm
- Acrylfarbe in Rot und Gelb oder Hellgrün

1 Den ganzen Pappteller in der Mitte falten, wieder öffnen und die Oberseite bis auf einen schmalen Rand rot anmalen. Den Teller wieder zusammenklappen und als Kopfoberteil den halben Pappteller aufkleben. Das Oberteil nur am geriffelten Tellerrand mit Klebstoff bestreichen. Den Frosch gelb oder hellgrün bemalen.

2 Die Styroporkugel mit einem Messer mit glatter Klinge oder mit einer Thermosäge („heißer Draht“) halbieren. Die Pupillen aus Karton ausschneiden und mit Styroporkleber aufkleben. Evtl. mit weißem Lackmalstift Lichtreflexe auf die Pupillen setzen. Die Styroporaugen mit Styroporkleber auf den Kopf kleben und die Nasenlöcher mit Filzstift aufmalen.

Tipp: Der Frosch kann auf- und zugeklappt werden, indem man die Hand – mit Ausnahme des Daumens – in die an der Kopfoberseite entstandene Tasche steckt. Alternativ kann auch noch ein weiterer halber Pappteller von unten angeklebt werden, sodass auch hier eine Tasche entsteht, die den Daumen aufnimmt.

Laternengesichter

→ allein oder im Doppelpack

MOTIVDURCHMESSER
ca. 23 cm

MATERIAL PRO GESICHT

- Pappteller
- Fotokarton in Gelb, Grün oder Rot, 36 cm x 15 cm
- Transparentpapier in Gelb, Orange oder Rot, A4
- Acrylfarbe in Rot, Gelb oder Hellgrün und Schwarz
- evtl. Kerzenhalter mit Kerze oder Lichterkette

VORLAGENBOGEN
1A + 2B

1 Entweder eine Schablone des Gesichts anfertigen und mit Bleistift auf die Tellerinnenseite übertragen oder selbst ein Gesicht aufzeichnen. Die Innenflächen herausschneiden. Dazu am besten einen Cutter mit Schneideunterlage verwenden. Das Gesicht bemalen. Damit die Gesichter noch gruseliger aussehen, die Ränder der herausgeschnittenen Öffnungen mit einem breiten roten oder schwarzen Filzstift nachziehen und evtl. Augenbrauen aufmalen. Das Gesicht mit einem passenden Transparentpapier (Radius 6,5 cm) hinterkleben.

2 Für eine Laterne zwei Gesichter fertigen und mit einem Zwischenstück (36 cm x 15 cm) verbinden. Dazu das Zwischenstück an beiden Längsseiten 1,5 cm vom Rand entfernt falten, umklappen und die so entstandenen Ränder zackenförmig einschneiden, wobei jede Zacke 1,5 cm tief und 1 cm breit ist.

3 Die mittleren zehn Zacken einer Zackenreihe von hinten unter dem Mund an ein Gesicht kleben. Nun die seitlichen Zacken ankleben. Mit dem zweiten Gesicht ebenso verfahren.

Tipp: Die Laterne kann zum Aufhängen mit einem Drahtbügel aus Stieldraht versehen werden, indem einfach mit der Lochzange oder Vorstechnadel zwei Löcher gebohrt oder gestanzt, die Drahtenden durchgesteckt und umgebogen werden.

Tiermasken

→ für den Karneval

MOTIVHÖHE
ca. 15 cm bis 23 cm

MATERIAL PRO MASKE

- Pappteller
- ggf. Fotokartonrest in Schwarz
- Acrylfarbe in Hellgrün, Rotbraun, Schwarz, Rosa und Weiß
- Satin- oder Baumwollkordel, ø 2 mm, 2 x 30 cm lang

VORLAGENBOGEN 1B

1 Von den Masken Schablonen anfertigen, die Konturen auf die Pappteller übertragen und ausschneiden. Die Masken anmalen. Das Katzengesicht mit Bleistift vorzeichnen und mit schwarzem Filzstift nachziehen.

2 Für die Befestigung am Maskenrand beidseitig ein Lochpaar ausstanzen und daran jeweils eine Kordel anbringen.

Tipps: Wenn die Masken nicht aufgesetzt und nur zur Dekoration verwendet werden, können Sie von hinten in die leeren Augenhöhlen schwarze, dreieckige Pupillen kleben.

Anstelle von zwei Kordeln kann auch ein Gummiband befestigt werden.

Wenn Sie schwarze oder graue anstatt rotbrauner Farbe verwenden, wird aus dem Fuchs im Handumdrehen ein Wolf. Richtig gefährlich sieht der Wolf aus, wenn ihm eine rote Zunge aus dem Maul hängt.

Hahn und Hühner

→ mit Schaukeleffekt

MOTIVBREITE
ca. 26 cm

MATERIAL PRO FIGUR

- 1 ¼ Pappteller (Huhn)
- 1 ½ Pappteller (Hahn)
- Fotokarton- oder Tonpapierreste in Rot und Gelb
- 2 Wackelaugen, ø 1 cm (oder Halbperlen in Schwarz)

VORLAGENBOGEN 1A

1 Für den Rumpf einen Pappteller genau in der Mitte falten und wieder öffnen. Die Faltlinie an beiden Enden 7 cm tief einschneiden.

2 Von Kamm, Schnabel und Kehllappen Schablonen anfertigen. Den Kehllappen doppelt ausschneiden. Den Kamm und den Schnabel jeweils an der gestrichelten Linie anritzen und umklappen.

3 Für den Schwanz des Huhns ein Papptellerviertel in der Mitte falten. Den Rand dreimal bogenförmig einschneiden. Für den Hahn einen halben Pappteller in der Mitte falten. Den Rand fünfmal bogenförmig einschneiden.

4 Den Kamm unterhalb der gestrichelten Linie einseitig mit Klebstoff bestreichen, in einen der beiden Schlitze am Rumpf stecken und andrücken. Anschließend Kehllappen und Schnabel befestigen. Die Augen anbringen. In den anderen Schlitz den Schwanz kleben.

Körbchen

→ für viele Zwecke

MOTIVHÖHE
ca. 23 cm

MATERIAL PRO KÖRBCHEN

- Pappteller
- Chenilledraht in Gelb oder Rot, 50 cm und 65 – 70 cm lang
- Acrylfarbe in Rot, Orange, Gelb, Blau und Hellgrün
- ggf. Fotokartonstreifen in Weiß, 45 cm x 3 cm

1 Mit dem Zirkel die Tellermitte festlegen und einen Kreis mit einem Radius von 5 cm ziehen. Den Teller vom Rand bis zur Kreislinie achtmal strahlenförmig in einem Winkel von jeweils 45° einschneiden. Diese dadurch entstandenen acht Randabschnitte zur Mitte falten. Das Körbchen samt Bügel bemalen.

2 Die Randabschnitte 1,5 cm, 2,5 cm oder 3,5 cm vom äußeren Rand und 1 cm von den Einschnittlinien entfernt lochen. Den Chenilledraht durch die Löcher fädeln. Je näher die Löcher am äußeren Rand sind, desto steiler werden die Körbchenwände. Den Kartonstreifen als Bügel innen am Körbchen ankleben, den Bügelrand evtl. mit Chenilledraht bekleben.

3 Die flacheren Körbchen bei einem Kreisradius von 7 cm zwölfmal in gleichem Abstand einschneiden und wie oben beschrieben weiterverarbeiten.

Tipp: Anstelle des Chenilledrahts können Sie auch Kordel oder Papiergarn verwenden.

Fangbecher

→ So wird der Teller zum Becher!

MOTIVHÖHE
ca. 12 cm

MATERIAL
- Pappteller
- je 1 Holzperle, ø 1 cm und 1,5 cm
- Satin- oder Baumwollkordel, ø 2 mm, 40 – 50 cm lang
- Acrylfarbe in Rot, Orange, Gelb, Hellblau, Blau und Hellgrün

VORLAGENBOGEN 1A

1 Den Mittelpunkt des Papptellers mit einem Zirkel markieren, dann den Teller in drei etwa gleich große „Tortenstücke" schneiden. Für einen Fangbecher jeweils eines dieser drei Teile verwenden.

2 Ein Tellerdrittel nicht genau in der Mitte falten, sondern etwa 2 cm daneben, sodass an einer Seite ein Rand überstehen. Diesen Seitenstreifen umklappen, mit Klebstoff bestreichen und das Tellerdrittel zu einer Tüte zusammenkleben. Die Tüte bemalen.

3 Anschließend die Tütenspitze abschneiden und die Kordel durchziehen. Auf die Kordelenden jeweils eine Holzperle ziehen und mit einem Knoten sichern.

Tipp: Je kleiner die Kugel und je länger die Kordel ist, desto schwieriger wird das Auffangen.

Pinguine

→ Pappteller im Frack

MOTIVHÖHE
ca. 26 cm

MATERIAL PRO PINGUIN
- Pappteller
- Fotokarton- oder Tonpapierrest in Orange
- 2 Wackelaugen, ø 1,4 cm
- Acrylfarbe in Schwarz

VORLAGENBOGEN 1A

1 Den Tellerrand an zwei Stellen als Flügel nach innen falten, sodass dazwischen noch ca. 4 cm Abstand bleiben. Die Flügel wieder zurückklappen und den Kopf sowie die Flügel schwarz bemalen. Die Flügel wieder nach vorne klappen und ggf. an der Brust ankleben.

2 Von Schnabel und Fuß Schablonen anfertigen. Die Konturen auf Fotokarton oder Tonpapier übertragen und ausschneiden. Den Schnabel in der Mitte falten und die untere Schnabelhälfte am Kopf ankleben. Wackelaugen und Füße ergänzen.

Entchenduo

→ Ente de luxe

MOTIVHÖHE
ca. 23 cm

MATERIAL PRO ENTE
- 1 ½ Pappteller
- Fotokartonreste in Weiß und Gelb
- 2 Halbperlen in Schwarz, ø 1,5 cm (oder Wackelaugen)
- Acrylfarbe in Rot oder Blau
- Malglitter in Gold oder Blau
- Buntstift in Rot

VORLAGENBOGEN 1B

1 Von Kopf, Schnabel, Flügel und Fuß Schablonen anfertigen. Den Umriss des Flügels zweimal auf den halben Pappteller übertragen und ausschneiden. Den Kopf einmal auf weißen, den Fuß und den Schnabel zweimal auf gelben Fotokarton übertragen und ausschneiden. Die Füße und den Kopf an den gestrichelten Linien falten.

2 Den Pappteller in der Mitte falten, wieder öffnen und an einer Seite entlang der Faltlinie 9 cm tief einschneiden. Den Kopf unterhalb der gestrichelten Linie einseitig mit Klebstoff bestreichen und in den Schlitz kleben.

3 Nun den Kopf, den Rumpf und die Flügel rot oder blau bemalen. Die Flügel ankleben und Malglitter auftragen. Den Schnabel und die Füße gestalten und zusammen mit den Augen ankleben.

Zwei Wichtel

→ Wo bitte geht's hier zum Friseur?

MOTIVHÖHE
ca. 23 cm

MATERIAL PRO WICHTEL
- 2 Pappteller
- Fotokartonrest in Hautfarbe
- 2 Wackelaugen, ø 1 cm
- Acrylfarbe in Hautfarbe und Rot sowie Blau oder Grün
- Langhaarplüschrest in Orange oder Schwarz

VORLAGEN-BOGEN 2A

1 Für den Kittel mit Lineal und Bleistift über den Rand eines Papptellers eine gerade Linie ziehen und abschneiden. Dieses Randstück ist an seiner breitesten Stelle 8 cm breit (vgl. Zeichnung 1). Nun die Ärmel an den gestrichelten Linien nach innen falten (vgl. Zeichnung 2 und 3).

2 Den zweiten Teller in der Mitte durchschneiden. Von Unterarm und Stiefel Schablonen anfertigen, die Konturen auf eine Tellerhälfte übertragen und ausschneiden.

3 Von der Mütze eine Schablone anfertigen, den Umriss auf die zweite Tellerhälfte übertragen, ausschneiden und entlang der gestrichelten Linien falten. Den schmalen Randstreifen mit Klebstoff bestreichen und die Mütze zusammenkleben.

4 Den Wichtel wie auf dem Foto bemalen. Die Arme und Stiefel am Kittel befestigen.

5 Für den Kopf mit einem Zirkel einen Kreis (Radius 4 cm) auf den hautfarbenen Karton zeichnen und ausschneiden. Das Gesicht aufmalen und die Augen aufkleben. Etwas Langhaarplüsch ankleben und die Mütze aufsetzen. Den Kopf auf den Kittel kleben.

Türwächter

→ je nach Laune

MOTIVDURCHMESSER
ca. 23 cm

MATERIAL PRO TÜRWÄCHTER

- Pappteller
- Langhaarplüschrest in Schwarz oder Schwarz-Grau
- Chenilledraht in Schwarz oder Grün, 40 cm lang
- 2 Halbperlen in Schwarz, ø 1,4 cm (oder Wackelaugen)
- Acrylfarbe in Rot und Hellgrün oder Zitronengelb

VORLAGENBOGEN 2A

1 Entweder eine Schablone des Gesichts anfertigen und mit Bleistift auf die Tellerinnenseite übertragen oder selbst ein Gesicht aufzeichnen. Mit dem Cutter die Mundöffnung aus- und die Nasenkontur bis zur Nasenwurzel einschneiden. Die Maske wenden und bemalen, wobei die Zähne weiß bleiben. Anschließend die roten Lippen aufmalen.

2 Die Augen und die Augenbrauen aufkleben. Haare und ggf. Bart ergänzen. Den Chenilledraht als Aufhängung in der Mitte umbiegen und die Enden von hinten an der Maske ankleben.

Tipp: **Auch als Wand- oder Fensterschmuck in der Fastnachtszeit oder auf Partys sind diese lustigen Gesellen einsetzbar.**

Rabe

→ der kleine Schwarze
mit den gelben Füßen

MOTIVHÖHE
ca. 15 cm (ohne Beine)

MATERIAL
- Pappteller
- Fotokartonrest in Gelb
- Satinkordel in Gelb, ø 2 mm, 2 x 15 cm lang
- 2 Wackelaugen, ø 1,5 cm
- 2 Holzperlen in Schwarz, ø 1 cm
- Acrylfarbe in Schwarz und Gelb
- 3 Putenfedern in Schwarz

VORLAGENBOGEN 2A

1 Den Pappteller halbieren. Für den Rumpf eine Papptellerhälfte genau in der Mitte falten und wieder öffnen. Nun die beiden Seiten jeweils als Flügel umklappen. Die Flügel sind an der Unterseite 5 cm breit. Der Abstand zwischen den oberen Flügelenden beträgt ebenfalls 5 cm (vgl. Zeichnung 1 bis 4).

2 Für den Kopf die andere Papptellerhälfte nochmals halbieren. Ein Viertel in der Mitte falten. Das Vorderteil des Kopfes gelb, das Hinterteil schwarz anmalen. Den Rumpf ebenfalls schwarz bemalen.

3 Den Kopf zwischen die Schultern kleben (vgl. Zeichnung 5) und eine Feder am Hinterkopf befestigen. Für die beiden Schwanzfedern mit der Vorstechnadel zwei Löcher in die Rückenfaltlinie stechen und die Federn darin fixieren.

4 Vom Fuß eine Schablone anfertigen, den Umriss zweimal auf Fotokarton übertragen, ausschneiden und mit der Lochzange lochen. Jeweils eine Kordel durch das Loch stecken und an der Fußunterseite ankleben. Eine Holzperle auffädeln und die Kordel am Rumpf befestigen.

Vogeltrio

→ lustige Piepmätze

MOTIVHÖHE
ca. 23 cm

MATERIAL PRO VOGEL

- 1 ½ bis 2 Pappteller
- Fotokartonreste in Hellgrün, Gelb oder Rot
- Chenilledraht in Grün, Gelb oder Rot, 1 x 50 cm und 2 x 16 cm lang
- 2 Wackelaugen, ø 1 cm oder 1,5 cm
- Klebepunkte in Rot, Gelb und Weiß, ø 0,8 cm oder 1,2 cm
- Acrylfarbe in Rot, Orange, Gelb, Hellblau, Blau und Hellgrün
- je 3 – 5 Gänsefedern in Rot und Grün
- 3 Hahnenfedern in Gelb und Blau

VORLAGENBOGEN 2B

1 Von den Schnäbeln und Flügeln Schablonen anfertigen. Die Umrisse der Flügelschablonen auf einen Pappteller oder alternativ auf Fotokarton in der gewünschten Farbe übertragen und ausschneiden. Den Schnabelumriss auf Fotokarton übertragen, ausschneiden und entlang der Strichpunktlinie falten.

2 Für den Rumpf einen Pappteller in der Mitte falten und das Kopfende mit der Schere leicht abrunden. Den Pappteller öffnen und zusammen mit den Flügeln bemalen. Den Pappteller wieder zusammenfalten und den Schnabel mit dem Falz nach oben am Kopfende einkleben. Die Flügel mit Klebepunkten verzieren. Wackelaugen, Federn und Flügel ergänzen. Bei dem orangeroten Vogel den Falz am hinteren Ende 2 – 3 cm tief einschneiden und die Federn so einkleben, dass sie nach oben ragen.

3 Für die Beine den langen Chenilledraht in der Mitte umknicken. 8 cm von den beiden Enden entfernt jeweils mit einem 16 cm langen Chenilledrahtstück als Zehen umschlingen.

Frösche

→ mit großer Klappe

MOTIVLÄNGE
ca. 29 cm

MATERIAL PRO FROSCH

- Pappteller
- Fotokarton in Weiß oder Hellgrün, A4
- Fotokartonrest in Schwarz
- Styroporkugel, ø 5 cm
- Acrylfarbe in Rot und Hellgrün
- Malglitter in Gold

VORLAGENBOGEN 2B

1 Vom Beinteil eine Schablone anfertigen, den Umriss auf weißen oder hellgrünen Fotokarton übertragen, ausschneiden und hellgrün bemalen.

2 Für den Rumpf den Pappteller in der Mitte falten und 6 cm an beiden Seiten nach unten klappen. Dabei darauf achten, dass von der ursprünglich 23 cm langen Mittelfaltlinie noch 8 cm übrigbleiben (vgl. Zeichnung 1 bis 4).

3 Den Rumpf wieder öffnen und innen rot und außen grün bemalen. Den Rumpf wieder zusammenfalten und ggf. mit Alleskleber fixieren.

4 Den Rumpf auf das Beinteil kleben und Malglitter auftragen.

5 Für die Augen die Styroporkugel mit einem Messer mit glatter Klinge oder mit einer Thermosäge („heißer Draht“) in der Mitte durchschneiden. Die schwarzen Pupillen aus Fotokarton oder Tonpapier ausschneiden. Mit weißem Lackmalstift auf die Pupillen jeweils einen Lichtreflex malen. Mit Styroporkleber die Pupillen auf die Augen und diese auf den Frosch kleben.

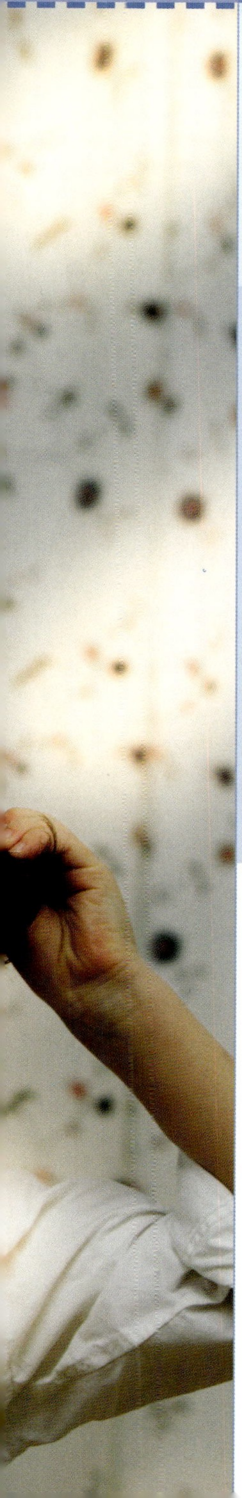

Zwei Hüte

→ für Zauberer und Blumenkönigin

MOTIVHÖHE
Blumenhut ca. 10 cm
Zauberhut ca. 30 cm

BLUMENHUT
- Pappteller
- Tonpapier oder Fotokarton in Rot und Weiß, A4
- Chenilledraht in Gelb, 4 x 8 cm lang
- Acrylfarbe in Hellgrün

ZAUBERHUT
- Pappteller
- Tonpapier in Schwarz, 30 cm x 30 cm
- Tonpapier in Gelb, A4
- Krepp-Papier oder entfaltete Papierkordel in Rot, 8 cm breit, 55 cm lang
- Papierdraht in Rot, 1 m lang
- Acrylfarbe in Schwarz
- Malglitter in Gold und Rot

VORLAGENBOGEN 2B

Hutkrempe (für beide Hüte)

Mit einem Zirkel die Mitte des Papptellers markieren und einen Kreis mit einem Radius von 7 cm ziehen. Den Teller vom Mittelpunkt bis zur Kreislinie achtmal strahlenförmig in einem Winkel von jeweils 45° einschneiden, sodass acht gleich große „Tortenstücke“ entstehen. Mit dem Cutter die geraden Linien innerhalb des Kreises nachschneiden. Den Teller bemalen und die Kreissegmente hochklappen, sodass eine Art Krone entsteht.

Blumenhut

Von den Blüten Schablonen anfertigen, die Umrisse achtmal auf Tonpapier übertragen und ausschneiden. Für die gelben Blütenmitten jeweils ein Chenilledrahtstück zu einer engen Spirale aufwickeln. Die Blüten aufkleben.

WEITERFÜHRUNG

Zwei Hüte

Zauberhut

1 Auf das schwarze Tonpapier ein Kreisviertel mit einem Radius von 30 cm ziehen. Dazu einen Bleistift an das Ende eines ca. 40 cm langen Fadens binden. Das andere Ende mit einem Finger der linken Hand auf eine Ecke des schwarzen Papierquadrats drücken und eine Kreislinie ziehen, wobei die Länge des Fadens 30 cm beträgt.

2 Das Kreisviertel entlang der Zirkellinie ausschneiden, eine Tüte formen und zusammenkleben. Die Tüte auf die Hutkrempe kleben. Das Hutband und den Papierdraht ergänzen. Von dem Stern eine Schablone anfertigen, zehnmal übertragen und ausschneiden. Auf die Sterne und das Hutband Malglitter auftragen und die Sterne aufkleben.

DIESES BUCH ENTHÄLT 2 VORLAGENBOGEN
Hilfestellung zu allen Fragen, die Materialien und Bastelbücher betreffen: Frau Erika Noll berät Sie.
Rufen Sie an: 05052/911858*
*normale Telefongebühren

IMPRESSUM

FOTOS: frechverlag GmbH, 70499 Stuttgart; Armin Täubner (S. 2), Fotostudio Ullrich & Co., Renningen (übrige Fotos)
DRUCK: frechdruck GmbH, 70499 Stuttgart

Auflage: 5. 4. 3.
Jahr: 2012 2011 [Letzte Zahlen maßgebend]

ISBN 978-3-7724-3702-1
Best.-Nr. 3702

www.frechverlag.de

Buchtipps für Sie

TOPP 3760
ISBN 978-3-7724-3760-1

TOPP 3795
ISBN 978-3-7724-3795-3

TOPP 3743
ISBN 978-3-7724-3743-4

TOPP 5226
ISBN 978-3-7724-5226-0

TOPP 5293
ISBN 978-3-7724-5293-2

TOPP 5298
ISBN 978-3-7724-5298-7

TOPP 5813
ISBN 978-3-7724-5813-2

TOPP 5814
ISBN 978-3-7724-5814-9

TOPP 5815
ISBN 978-3-7724-5815-6

Lustiges aus Papptellern

- Wer bei Papptellern nur ans Essen denkt, kennt die vielfältigen Gestaltungsmöglichkeiten dieses klassischen Partyrequisits noch nicht.
- Lustig gefaltet, bunt bemalt und frech beklebt werden Pappteller zu Tieren, Wichteln und Spielzeug.
- Einfache, aber wirkungsvolle Basteleien, die besonders Kindern großen Spaß machen.

Basteln
Schnell zum Erfolg

ISBN 978-3-7724-3702-1

€ 7,50(D) €* 7,80(A)

* vom österreichischen Importeur preisgebunden